Ce livre appartient à :

Casterman
Cantersteen 47, boîte 4
1000 Bruxelles
Belgique

www.casterman.com

ISBN: 978-2-203-12585-8
N° d'édition: L.10EJCN000612.A005

Achevé d'imprimer en décembre 2019, en France par Pollina - 92674
(Zone industrielle de Chasnais, 85407 Luçon Cedex).
Dépôt légal: mars 2017 ; D.2017/0053/92
Déposé au ministère de la Justice, Paris (loi n°49.956 du 16 juillet 1949
sur les publications destinées à la jeunesse).

martine

et les quatre saisons

d'après les albums de Gilbert Delahaye et Marcel Marlier

casterman

Martine a reçu un calendrier.
– Comme il est beau, dit Jean, nous allons le suspendre au mur.
– Chaque jour, je mettrai une croix dans la bonne case. Tu pourras mettre les croix du samedi et tourner les pages chaque mois, propose Martine à son frère.

Janvier :

C'est l'hiver. La neige tombe et le vent souffle dans les arbres. **Brrrr !** Il fait froid ! Martine, Jean et Patapouf ont fait un bonhomme de neige.

Février :

La neige est toujours là, mais
le bonhomme de neige
a disparu.
Martine a placé un nichoir
dans un arbre pour mettre
les oiseaux à l'abri.
– Il faut leur donner
des graines, dit Jean.

Mars :

– **Cuicuicui !** Les oiseaux sifflent pour le retour du printemps. Mais ils restent encore au chaud dans leur nid, en attendant le soleil d'été. Martine et Jean préparent le jardin pour semer les graines de légumes et de fleurs.

Avril :

Le jardin commence à fleurir et les œufs de Pâques sont cachés dans le jardin !

– **Vite Jean !** Il faut les ramasser, s'écrie Martine.

Mai :

Les fleurs sont épanouies désormais. Le jardin est plein de couleurs !

Jean et Martine cueillent
un bouquet pour la fête
des mamans.
– Comme elles sentent bon,
dit Maman en embrassant
Martine.

Juin :

L'été est arrivé. Il fait chaud, les plantes ont besoin d'être arrosées.

Oups ! Patapouf était caché derrière les fleurs.

Le voilà tout mouillé !

Martine et son frère ont grimpé dans le cerisier.

Leur panier est bien rempli.

– **De quoi faire des confitures !** s'émerveille Martine... qui porte de nouvelles boucles d'oreilles.

Juillet :

C'est les vacances !

Martine part à la montagne avec sa famille. Elle fait la course dans les prés avec Jean. Ils trempent leurs pieds dans le ruisseau et jouent avec les chèvres.

– Regarde sa barbichette, on dirait Papy, dit Jean en rigolant.

Août :

Les fermiers récoltent.

Maintenant les enfants

peuvent jouer à cache-cache

entre les bottes de paille.

Il y en a partout au pied de la montagne.

– Tu ne me trouveras pas ! dit Jean à Martine.

Mais Martine a aperçu une mèche de cheveux qui dépassait.

« **Vu !** » crie-t-elle.

Septembre :

Martine est revenue de vacances. Le soleil part se reposer maintenant. C'est la rentrée des classes.

– Les belles couleurs de l'automne arrivent mais les jours raccourcissent déjà beaucoup, regrette Martine.

Le week-end, Martine
cueille du raisin dans les
vignes de son oncle.
C'est rigolo, ça colle
aux doigts !
De leur côté, les écureuils
font des provisions de
noisettes pour l'hiver.

Octobre :

« **Ouaf, ouaf !** » Pendant que Martine est à l'école, Patapouf aboie après les corbeaux.

Le fermier laboure son champ et les feuilles commencent à tomber.

Novembre :

Martine doit ramasser les feuilles dans le jardin. Mais c'est difficile, le vent se remet à siffler et tout s'envole !

« **Ouh,** le froid revient » pense-t-elle.

Décembre :

L'hiver s'installe, les oiseaux sont partis.

Mais c'est surtout bientôt Noël. Quel plaisir d'admirer les vitrines des magasins !

– **Oh** la jolie poupée !

Et regarde l'hélicoptère,

il vole vraiment !

s'exclame Martine.

Le jour de Noël, tout le monde est heureux autour du beau sapin.
Martine a reçu une montre, Jean des patins à roulettes et Patapouf un panier.
Ce sont les derniers jours du calendrier.
Une nouvelle année va bientôt commencer.

« Pourvu qu'elle soit aussi merveilleuse que celle-ci » pense Martine.

Titres disponibles

1. **martine** petit rat de l'opéra
2. **martine** un trésor de poney
3. **martine** apprend à nager
4. **martine** un mercredi formidable
5. **martine** la nouvelle élève
6. **martine** a perdu son chien
7. **martine** à la montagne
8. **martine** fait du théâtre
9. **martine** et la sorcière
10. **martine** en classe de découverte
11. **martine** se dispute
12. **martine** déménage
13. **martine** et le cadeau d'anniversaire
14. **martine** monte à cheval
15. **martine** la nuit de noël
16. **martine** est malade
17. **martine** fait les courses
18. **martine** drôle de chien
19. **martine** et les lapins du jardin
20. **martine** en bateau
21. **martine** à la mer
22. **martine** et les fantômes
23. **martine** au pays des contes
24. **martine**, princesses et chevaliers
25. **martine** à la maison
26. **martine** et les chatons
27. **martine** à la fête foraine
28. **martine**, l'arche des animaux
29. **martine** garde son petit frère
30. **martine**, la leçon de dessin
31. **martine** et le petit âne
32. **martine** fait du vélo
33. **martine** dans la forêt
34. **martine** et les marmitons
35. **martine** au cirque
36. **martine** en voyage
37. **martine** la surprise
38. **martine** baby-sitter
39. **martine** fait du camping
40. **martine** et le petit moineau
41. **martine** se déguise
42. **martine** protège la nature
43. **martine** fait de la musique
44. **martine** prend le train
45. **martine** en vacances
46. **martine** en montgolfière
47. **martine** au zoo
48. **martine** et le prince mystérieux
49. **martine** en avion
50. **martine** fête maman
51. **martine** à la ferme
52. **martine** et les quatre saisons
53. **martine**, vive la rentrée !
54. **martine** fait la cuisine
55. **martine** au parc
56. **martine** fait de la voile
57. **martine** c'est mon anniversaire
58. **martine** fait du jardinage